시로

어설픈 위로받기

오늘 18:02

하 상 욱

위즈덤하우스

작가 소 개

작가의 말

목 차

너만 힘들게
세상 사는거 아니야
그래서,
널 이해해,

예전엔

좋은 일이 생기길 바랐다

요즘엔

아무 일도 없기를 바란다

살기가 이렇게 힘든 이유는
힘내서 살고 있기 때문일까

힘든 삶이 꼭 세상 탓은 아니겠지만
이런 세상이 다 내 탓도 아니잖아요

다들 힘드니까 견디라 하지말고
다들 힘드니까 바꾸자 말했으면

사회생활이라는게
별거있나,,,
욕나오는데
웃고있으면
그게
사회생활이지,,,

스턴,

사람을
턴다는
건가..?

열정은 돈을 주고 살 수 없다는데,
돈을 안 주면 먹고살 수가 없더라.

.

사느라 바쁘고 싶다.

사고싶은 거 사느라.

Fashion의 완성은 얼굴

Passion의 완성은 월급

열정의 대가를 달라고 하니까
열정의 대가를 치르게 하더라

월급은 누가 주는 돈 아닌데.
내가 받는 돈인데.

월급 이상으로 일을 더 하라고 말하면서
일 이상으로 월급을 더 달라면 욕하더라

자기 건강관리가 업무 능력이면

직원 건강관리도 운영 능력이다

나는 회사를 위해 존재하지 않는다.

회사가 나를 위해 존재하지 않듯이.

불편하다 말하면

불평하지 말라네

"너는 충고를 기분 나쁘게 듣더라."

"너는 기분 나쁘게 충고를 하더라."

존중없는 충고는
쓸데없는 잘난척

나에 대해선 평생을 봐도 모르면서

남에 대해선 하루만 봐도 안다더라

싫은 소리도 들을 줄 알아라 좀.

싫은 반응도 참을 줄 알아라 좀.

쓴소리 못 듣더라.
쓴소리 잘하는 사람이.

"좋은 뜻으로 한 말인데 넌 왜 그래?"
"넌 왜 좋은 뜻을 그런 식으로 말해?"

그런 뜻으로 말하지 않았었다면,

그런 식으로 말하지 말았어야지.

좋은 말은
좋게 말해

지적인 사람은,
지적을 아낀다.

나를 아낀다면

말을 아껴주길

너무

늦지않게

내게

와줬으면

- 하상욱 단편 시집 '잠' 中에서 -

잠도 밤에는 자나 봐.
아침에 오는 걸 보면.

사람들은 너무 계산적이다.

정작 잠은 자지 않으면서
잘 수 있는 시간만 계산한다.

결국 계산도 틀림.

내일 월요일인데 잠이 안 오는 게 아니라

내일 월요일이라 잠이 안 오는 게 아닐까

또 월요일이다. 죄 지은 것도 없는데.

평일 아침 : 금방 깨려 했는데 잔다

휴일 아침 : 실컷 자려 했는데 깬다

금요일 밤 : 졸리지만 자고 싶지 않아

일요일 밤 : 자고 싶지만 졸리지 않아

z z z 자야지
자야지
하면서
안자면,

깨야지
깨야지
하면서
더잔다.

오늘은

어제 우리가

그토록 일찍 자려던

내일이다.

오늘은 꼭 일찍 잔다는

어제의 계획도 실행 못 하면서,

몇 년 후의 계획을 세우는 게
얼마나 의미가 있을까.

백날 내일 내일 하면서 살았는데
오늘 내 모습이 그때의 내일일까

고생은 매일

행복은 내일

"소확행"

비는

실한

복

취미로까지 돈을 벌고 싶지 않다.

돈을 쓰는 일이 취미였으면 싶다.

충동구매를 하지 않기 위해
사고 싶은 걸 메모하기 시작했더니

충동메모를 하게 됐다.

버는 돈에 비해서 낭비를 하고 있는데,
쓰고 싶은 돈에 비해서 아끼고 있더라.

아낀 걸까

아닌 걸까

돈이라는 것은,
있다가도 없고,
이따가도 없고,

돈으로 가질 수 있는 사랑이 있다.
조카들의 사랑.

사랑. 조카.

"야. 그 돈 주고 그걸 산다고?"

"응. 이 돈 안 주면 이거 못 사."

훔칠 순 없잖아

비싼 거 좋아하는 건 나쁜 게 아니죠.

싼 거 무시하는 게 나쁜 거지.

나를 위해 시간과 돈을 쓰는 게 부자연스러우면,
남들이 내 시간과 돈을 자연스럽게 쓰게 되더라.

돈과 시간을

쓰고 싶다면

사랑 아닐까

송지연 진짜 싫다...

배송지연...

"계속 놀면 지겹지도 않니?"

↑ 계속 안 놀아 본 사람이 분명하다.

공부도 하면 늘고

놀기도 놀면 늘고

살면서 가장 많이 참는 게 뭔가 했더니,
하고 싶은 것들이다.

하고 싶은 일들을 미루면
미루고 싶은 일만 남더라

할일을 내일로 미루는 건
사실 별 문제가 아니었다

내일 하기로 했던 일들을
내일 안하는 게 문제였지

‘나중에 해야지’라며 미뤘던 일들이
‘그때 할걸’로 다시 돌아왔지만
나는 여전히 책임을 미루고 있더라.

그때는 나중의 나에게.

지금은 그때의 나에게.

하고 싶은 의지가 약해진 건 아니에요.

하기 싫은 마음이 강해진 것 뿐이에요.

틈만 나면 놀고 싶었는데
짬이 나면 쉬고 싶어졌네

하고 싶은 일이 많았는데
갖고 싶은 것만 많아졌네

열정이
식은줄알았다.
체력이
나빠진거였다.

갈수록 이유는 늘어나고
살수록 의미는 줄어가네

어릴 때 교육이 정말 오래가는 게,

난 아직도 밤에 손발톱을 깎아서 버린 후에
쥐가 나로 변하지는 않을까 기대한다.

안 오네.

그 쥐들.

내가 인생에서 가장 꾸준한 건,
어떤 것도 꾸준하지 않다는 것.

난 꾸준히
안 꾸준해

나 자신에게 좀 관대할게요.

나 아니면 누가 그러겠어요.

성공한 사람의 인생은
성공한 후에 포장되어
평범한 사람을 망친다

성공한 사람이 특이한 건데
평범한 사람이 실패한 거래

천재는 노력하는 자를 이기지 못하고
노력하는 자는 즐기는 자를 이기지 못하며
즐기는 자는...

이기니까 즐겁겠지.

더 용기를 주더라.

'나는 잘할 수 있다'보다,
'내가 못하면 좀 어때'가.

코끼리는

점프를 못하는 게 아니라

점프할 필요가 없는 거야

필요가 없는 건데

능력이 없는 거래

나는 못하는 게 참 많다.

내가 못 해본 건 더 많고.

"상욱 씨에게 '말'은 어떤 의미인가요?"

"저에게 말은 '여행' 같아요."

"여행~ 왜?"

"언젠가는 다시 돌아오니까"

이런 말은 하면 안 되는 거란 생각은
왜 꼭 이런 말을 하자마자 드는 걸까

대화를 하자는거니?
대회를 하자는거니?
왜 이리 이기려 하니?!

"생각없이 한말인데,
왜그래?"

"왜말을 생각없이,
하고그래??"

니 맘대로 생각해도 돼.
니 멋대로 떠들지만 마.

생각은 자유니까

아무렇지도 않은 척한다고
아무렇게나 굴지 말아줘요

난 착한 사람이 아니야.
널 참은 사람일 뿐이지.

끝까지 참는 사람에게는

참을일이 끝까지 생긴다

맞춰 주려고 노력하면

막해도 되는지 알더라

맞막하다

화를 잘 안 내는 사람이 되려다가
화 내면 안 되는 사람이 돼버렸다

언젠가는 날 알아 주겠지 했는데
어차피 또 알아서 주겠지 하더라

용서해줄 거라는 믿음을 주면

잘못해도 된다는 생각을 하네

“난 원래 그런 사람인데 왜 이해를 못 해?”

“난 원래 그런 거 이해 못 하는 사람인데?”

나는 너무 불편해,

편한사람
되느라:

편한 사람이기는 할까

전에는

내가 좋아하는 사람이 있는 자리가 좋았는데,

이제는

나를 싫어하는 사람이 없는 자리가 좋다.

좋은 사람의 반대말이
나쁜 사람인 줄 알았는데,
싫은 사람이더라.

자꾸 나를
오해하는 사람은 그냥,
나를 싫어하는 거더라.
랑

나를 싫어하는 사람을 설득하겠다고
노력할 필요가 없더라.
어차피 그 노력 속에서도
날 싫어할 이유를 찾더라.

나를 싫어하는 사람에게
굳이 좋은 점을 보여주려 할 필요가 없더라.
내게 좋은 점이 있다는 것조차
꼴 보기 싫어할 사람이더라.

싫은 사람들에게 좋은 소리 듣기 위해

좋은 사람들에게 싫은 소리 하고 사네

내가 좋아하는 사람들은
대부분 나를 싫어한다 생각했는데,
지나고 보니 내가 좋아한 만큼
나를 좋아하지 않았던 것뿐이더라.

내 욕심이 컸던 것뿐이더라.

누군가는 나를 미워하더라.
누가 나를 미워하지 않을까
매일 조심하고 살아도.

그래도 조심하고 사는 이유는
아무도 나를 미워하지 않게
만들고 싶어서가 아니라,

나를 좋아하는 사람들이
부끄럽지 않게 하기 위해서.

나는 세상에서 내가 제일 소중하다.

그래서 내가 사랑하는 사람들이 나에게 소중하다.

가장 소중한 내가 사랑하는 사람들이니까.

넌 소중해.
딱 나만큼.

어렸을 때는 친구 만드는 게 어렵지 않았다.
나이가 드니 친구 만나는 것도 쉽지가 않다.

나이가 드니 지인이 생기더라.
어렸을 때는 친구만 있었는데.

친구란 무엇일까.

카톡을 씹은 사람도 씹힌 사람도

그 사실을 기억하지 못한다면

그게 친구 아닐까.

자주 만나니까
딱히 할 게 없는 사람이 참 좋다.

딱히 할 게 없더라도
자주 만나는 사람인 거니까.

점점 더 중요하게 느껴진다.

중요하지 않은 이야기를 나눌 수 있는 사람들이.

편한 친구는 비밀을 잘 들어주고

평생 친구는 비밀을 잘 지켜주고

우리가 평생 편했으면

어떤 부탁이든 다 들어줄 수는 없다 해도
어떤 이야기든 다 들어줄 수는 있는 사람

그런 게 아닐까
친구란

"상욱 씨에게 '연락'이란?"

"연락은 '운동' 같아요."

"왜요?"

"오랜만에 하려면 더 힘들어"

내가 잘 살고 있는 건가 싶었다.

"뭐 하냐"고 묻던 친구가

"잘 사냐"고 연락했을 때.

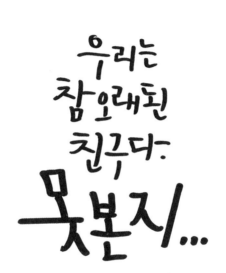

어렸을 때는
싫어하는 사람을 안 보고 살았는데,

나이가 드니
좋아하는 사람을 못 보며 살아가네.

나이는 늘었다.
친구는 줄었고.

친한 사이니까

다 이해해 줄 거라 생각했다.

친한 사이라서

더 서운해 할 것을 알면서도.

진짜 친구가 아니라며 실망만 했네.
진짜 친구가 되어주려 하지는 않고.

고마운 사람이 참 많았다.

고맙다는 말은 참 못했고.

너무 많이 보고 싶어진다.
너무 많이 보던 사람들이.

〈관계가 멀어지는 지름길〉

물어보지 않고 판단

대답하지 않고 회피

얕은 관계는,

얕은 문제를 이해하고

깊은 문제로 틀어진다

깊은 관계는,
깊은 문제를 이해하고

얕은 문제로 틀어진다

전에는 모든 걸 함께할 수 있어야
괜찮은 관계라고 생각했는데,
이제는 모든 걸 함께하지 않아도
괜찮은 관계가 좋다.

관계에도 여유가 필요하더라.

모든 걸 함께하지 않아도

서로에게 모든 것이 되는

우리들 사이에
여유는 있어도,
빈틈은 없기를.

"언제 한번 보자"는 말이 형식적인 말 같아도,
진짜 보기 싫은 사람에게는 이 말도 안 나오더라.

"언제...나 잘 지내"

올해에는 가깝게 지내기를
오랫동안 가깝던 사람들과

지금

내가

무슨

말을

- 하상욱 단편 시집 '면접' 中에서 -

면접이란,
나답지 않은 복장을 하고
나답지 않은 말들을 하며
나를 평가받아야 하는 것

가족이

어쩌다

이렇게

됐을까

– 하상욱 단편 시집 '가족 같은 회사' 中에서 –

평생
엮이고싶지않은
사람과
매일섞여야
하는게

사회
생활

이더라...

〈이상〉

"누가 일처리를 이렇게 하래!!"

"너요"

〈현실〉

"누가 일처리를 이렇게 하래!!"

'너요'

사회 생활 하다 보니까

나도 성질 꽤나 있더라

참는 성질

너 자꾸 까불면

나 진짜 참는다

일을 열심히
잘하면,
돈을 더 줘야지
왜
일을 더 줘?

"왜 일을 이렇게밖에 못 해?"

'왜 돈을 이렇게밖에 못 줘?'

한국 사람들은

시간 약속을 너무 안 지킨다.

대표적으로...

퇴근시간.

코리안타임 ㄴㄴ해

퇴근 후에 회식이라뇨.

회식 후에 퇴근이겠죠.

'퇴근 후에 하고 싶은 거 하며 살아야지' 했는데,
가장 하고 싶은 게 퇴근이다.

취업 전 : 나 회사 가고싶다.

취업 후 : 회사 나가고 싶다.

확실히 주말은 재충전의 시간이다.
관두고 싶다는 생각이 재충전된다.

〈월요일 출근이 기다려지게 하는 방법〉

금요일에 인터넷 쇼핑을 하고
택배 배송지를 회사로 적는다.

일을 하면 불만인데,

일 없으면 불안하다.

일하고 사는 거 힘들다.

이러고 사는 거 힘들다.

힘들 때마다 생각나는 사람이 있다.

나 힘들게 한 ㅅㄲ.

대충 살고픈데

대출 받아놔서

월세 내다가
세월 다가네

고된 하루가 떠났다.
힘든 내일을 남긴채.

우리들의 오늘이
살아남은 날보다
살아있는 날이길

'돈 안되는거 뭐하러 할까?'
라는 남걱정은
뭐하러할까?
돈도 안되는데...

"그런 쓸 데 없는 생각 좀 하지 마"

"어디 쓰려고 생각하는 거 아닌데"

생각 없이 말하지 말아줘요

나는 생각 있는 사람이니까

"니가 결정한 일인데 왜 후회를 해?"
"후회하기로 결정했거든."

내 결정이야. 존중해 줘.

내가 모든 사람의 기준에 맞출 필요는 없다.

모든 사람이 나의 기준에 맞출 필요가 없듯.

친절은
원하더라,
예절은
모르면서.

얕은 사람은

남을 얕본다

권력이 있는 사람이 갑질을 하는 게 아니다.

인격이 없는 사람이 하는 거지.

배운 사람은 겁이 많고
못 배운 사람은 겁이 없고
잘못 배운 사람은 겁을 주고

가졌을 때는 본심이 보이고
잃었을 때는 본성이 보인다

위기가 왔을 때

바닥을 치고 올라가는 사람이 있는가 하면,

기회가 왔을 때

바닥을 드러내는 사람도 있다.

착한 사람은 법을 지키고

나쁜 것들은 법이 지키네

권력이 권력을 지키려 하면

국민이 국민을 지키려 한다

죄를 지을 수는 있어도

죄를 지울 수는 없음을

남을 위해서 살지는 않더라도

남들 위에서 살지는 않았으면

우리가 흘린 땀방울이 말해준다.

덥다는 걸.

노력은 배신하지 않는다.
사람이 배신해서 그렇지.

배우면 배울수록

배워야 한다는 생각이 들고

모르면 모를수록

몰라도 된다는 생각이 들고

시간을 돌릴 수만 있다면

똑같겠지

늦었다고 해서 할 수 없는 건 아니다.

빨랐다고 해서 할 수 있는 게 아니듯.

믿어준다고 해서
뭐든지 해낼 수는 없지만

믿어주지 않으면
무엇도 해낼 수가 없더라.

지켜주기보다
지켜봐줬으면

기대하기보다

기다려줬으면

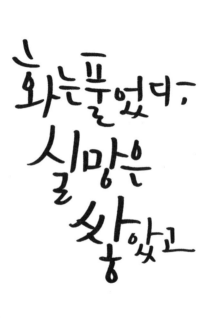

화는 풀었다,
실망은
쌓았고

감정이 풀렸다고 해서
신뢰가 회복되는 건 아니더라.

"내가 이렇게 사과까지 하잖아."

"너는 사과까지 그렇게 하잖아."

자기 기준으로 장난을 치는 사람은

사과도 자기 기준으로 하려 하더라

사과를 모르는 사람인 줄 알았다.

잘못을 모르는 사람인 걸 모르고.

알고 보면 좋은 사람이면 뭐해.

알고 보기 싫게 만드는데.

아이같이 맑은 사람이 좋지만,

어른답지 않은 사람은 싫더라.

친절한 사람이라 해서
진실한 사람은 아니고,

마음이 가는 사람이라 해서
믿음이 가는 사람은 아니다.

거짓말의 끝은 결국 또 거짓말이더라.

"거짓말을 해서 미안해"가 아니라

"난 모르겠지만 그랬다면 미안해"로

끝이 나더라.

모르겠다는 것도, 미안하다는 것도
다 거짓말이더라.

왜 내 진심을 안 받아 줘?

내 거절도 진심이야.

거절을 모르던 사람이

거절을 잘하게 됐다면,

그건 강해져서가 아니라
당해봐서.

제가 당신 부탁을 무시했다뇨.

당신이 제 거절을 무시하셨죠.

"거절은 거절한다"
는 거절한다

배려 없는 사람이
되려 화를 내더라

좀 당하고 살면 착한 사람인 줄 알았다.
그냥 좀 당하고 사는 사람인 줄 모르고.

하기 힘든 말을 참으면

참기 힘든 일을 겪더라

참는 건 한계가 있는데
넘는 건 한계가 없더라

예전엔 통화하다 빡치면
"아 됐어 끊어!!" 하면서 '빡!' 하고
폴더를 닫는 맛이 있었는데,
요즘은 종료 버튼으로 끊으니까
내 격한 감정을 표현할 길이 없네.

참고살면
내가 병나고
하고살면
누가 떠나고

〈외로움과 그리움 구별법〉

외로울 때 : 친구 목록 프로필을 훑어본다.

그리울 때 : 그 사람 타임라인을 훔쳐본다.

외롭다.

그롭다.

외로움을 달래려는 만남이
외로움을 확인하게 만드네

〈내가 혼자 극장 가는 이유〉

볼 사람이 없어서 (X)

볼 영화가 있어서 (O)

혼자인 시간이 필요한 건데.
외로움이 필요한 게 아니라.

'혼자'를 이해하지 못하는 사람과의
'함께'는 피곤하다.

사랑이
필요한데,
사람에
피로하네...

나를 보여주는 데 필요한 게
용기인 줄 알았는데

여유더라.

삶에 지쳐있을 때
내게 필요했던 건

삶이었다.

"나는 살 수 있나"가 걱정인데
"나는 할 수 있다"가 되겠냐고

잘난 척은 했지만

잘난 적은 없었네

남을 내리지 마
내가 오르면 돼

나한테 잘 좀 했으면 좋겠다.

내가.

어떤 일이 있어도
끝까지 나를 책임질 사람은

나다.

그만 실망시키고 싶다.

나를.

누가 안아줬으면 싶다.

오늘.

"괜찮아 힘내"보다 "괜찮아 울어"가
더 힘이 될 때가 많다는 걸 갈수록 느낀다.

너무 힘내다가 지쳐서 힘들어 죽겠는데
옆에서 누가 힘내라고 하면 마음은 고맙지만
그 말이 그렇게 듣기가 싫더라.

부끄럽게도.

슬럼프를
극복한줄
알았는데.

적응
한거
였다
...

"넌 그래도 나보다는 낫잖아"
라는 위로를 하지 않기로 했다.

지금 힘들어하는 내 삶도
세상 그 누구보다 내가
가장 힘들기 때문은 아니니까.

모두에게 힘든 세상이니까.

내 아픔이 가장 커서 힘든 건 아니다.
내게 가장 가까운 아픔이라서 힘든 거지.

당신 같은 상황은 많아도

당신 같은 사람은 없어요

위로의 말이 되더라.

내가 듣고픈 말을 남에게 건네면.

어떤 위로의 말도 떠오르지 않는다면,
어떤 말로도 위로되지 않기 때문이야.

어떤 때는 가장 위로가 되더라.
위로를 참아 주는 사람이.

지나고나면,
괜찮겠지만,
나는지나기
전이라서인,

긍정적인 쪽으로 생각은 하고 있어요.
부정적인 쪽으로 느낌이 가서 문제지.

고작 그 정도가 걱정이냐고 말하기보다는
고작 그 정도의 걱정이라도 공감해줬으면

내가 기쁠 때 찾아가는 사람은
내가 사랑하는 사람이더라.

내가 슬플 때 찾아오는 사람은
나를 사랑하는 사람이었고.

기쁠 때 찾아와줘

슬플 때 찾아갈게

내가 좋아하는 거니까
너도 좋아하면 좋겠다.

너를.

니가 좋아하는 거니까
나도 좋아하기로 했다.

나를.

힘을 낸다.
사랑할때.

힘이난다

사랑받은데

니가 뭘 하든 난 상관없어.
뭘 하든 널 응원할 거니까.

헤매고 있어도.
해내지 못해도.

어설픈 위로받기 **시 로**

초판1쇄 발행 2018년 12월 17일 **초판11쇄 발행** 2024년 12월 15일

지은이 하상욱 **펴낸이** 최순영

출판1 본부장 한수미
라이프 팀장 곽지희
디자인 김태수

펴낸곳 ㈜위즈덤하우스 **출판등록** 2000년 5월 23일 제13-1071호
주소 서울특별시 마포구 양화로 19 합정오피스빌딩 17층
전화 02) 2179-5600 **홈페이지** www.wisdomhouse.co.kr

ⓒ 하상욱, 2018
ISBN 979-11-6220-315-6 02810